自律神経の名医が考案した

ぜったい幸せになる話し方・伝え方

Dr.Kobayashi Communication

順天堂大学医学部教授
小林弘幸

主婦の友社

はじめに

私は長年、医師として自律神経の研究にとり組んできました。その中で2020年1月に国内で初めて感染が確認された新型コロナウイルスは、いままでに出くわしたこともない敵の出現という感じで、まさに想定外のものでした。

収束こそしていませんが、いまでは少しずつ日常の生活に戻ってきました。とはいえコロナ前とコロナのあととでは、人の交流や働き方などを中心に、以前のような生活に戻ることはむずかしいと考えています。

ここ数年のさまざまな行動制限では、だれもが窮屈な思いをしてきました。その、いままでにない窮屈さはストレスを増大させ、多かれ少なかれ、自律神経のバランスがくずれてしまうという状況はつづいています。

自律神経は、体のライフラインともいうべきものです。ストレスでバランスがくずれてしまうと血流が悪くなり、細胞に十分な血液が届かなくなって体調がすぐれず、仕事のパフォーマンスも下がってしまいます。

在宅ワークがふえ、会食やコンサート、スポーツ観戦など、いままで楽しんできたものへの行動制限にもとり組んできました。その結果、人と直接会う機会が極端に減り、コミュニケーション不足によって、自律神経の乱れはさらに大きくなってしまいました。

そんな中で人と会うこと、話すことのありがたさに気づいたとしたら、それはあなたにとって大きな収穫です。だれかと話すというコミュニケーションをとると、幸せホルモンのオキシトシンが脳内から出て副交感神経を高めるので、気持ちが落ち着き、幸福感を味わえます。

そこで大事になってくるのは、どんな言葉をかけ合って話すかということです。言葉しだいで一喜一憂し、仕事や家族関係ばかりでなく、健康にまで影響してしまうからです。

私にはこんな経験があります。学生時代はラグビー部に所属し、勉強に加えて部活にも注力していました。そんな中のもうすぐ卒業という大学6年のときに、試合で大ケガを負い骨折してしまったのです。

そのときの担当医からは、「一生歩けないかもしれない」という宣告を受けました。もうすぐ医師になれるという希望に満ちた日々が、この言葉とともに瞬時にくずれ落ちてしまったわけです。これからの不安や悔しさなどが押し寄せ、悲嘆に暮れました。

しかし退院後の通院で、別の医師がX線写真を見ながら、「いまのところ全然骨がくっついてないなあ。でもここにヒゲみたいなのが見える。これが再生のきっかけになって治るかもね」と話してくれたのです。その言葉で一気に目の前は明るくなり、力がわいてきました。希望が出てくると厳しいリハビリにも耐えられ、3年はかかりましたがどうにか歩けるようになり、医師として忙しい日々を送れるようになったのです。

このときに、言葉に宿る「言霊《ことだま》」のようなものを実感しました。そして医師として患者さんと向き合うときには、ぜったいに希望がもてる話し方・伝え方で接していこうと心に誓い、以来いままでそれを守っています。

話し方・伝え方が実際に自律神経に与える影響を解明することは、これからの課題です。しかし自律神経を研究してみると、そのバランス維持のためには影響力が大きいことがよくわかります。

言葉とともに感じるのは、話し方・伝え方を通してのコミュニケーション力です。機械的な会話ではなく、コミュニケーションが自律神経の高低を左右します。

医師として、余命を宣告された方から、「もっと家族との時間を過ごすべきだった」「あの人に会っておけばよかった」という言葉をよく耳にします。人生の最後に、コミュニケーション不足を後悔される方が多いのです。

コミュニケーションをどうとるかで、人生の幸福指数が変わってくるといってもよいでしょう。

ストレスの9割は、人間関係とそこで繰り広げられる会話が要因です。言葉はもろ刃の剣で、味方にもなれば攻めてくることもあります。そこで私が日々心がけているのは、「私＝あなた」ではないという考え方です。「自分と他人は違う」と思っておけば、多少きついことを言われても受け流すことができます。

怒りや悲しみは自律神経には大敵、感じた時点で自律神経は乱れだします。そして人の命には時間制限があります。幸せな言葉とコミュニケーションを多くとって、有意義な人生に変えていくことをおすすめします。

本書では日常生活や仕事など、いろいろなシチュエーションで起こりうることを想定しています。そのときどきのベストの言葉とコミュニケーションを通して、それが幸せのヒントになればと願っています。

小林弘幸

CONTENTS

CONTENTS

2章 自律神経がととのうベーシックなメソッド

3章 心が通う話し方・伝え方

4章 会社や職場でのコミュニケーション・話し方・伝え方

職場

5章 家庭や生活の場でのコミュニケーション・話し方・伝え方

心と体……すべての健康は自律神経に通ず！

まず、自律神経とはなんなのか

生きていれば健康を望まない人はいないでしょうが、どう健康が保たれているのかはあまり意識されません。「自分はどこも痛いところはないから」「病気ではないから」健康、という単純なものではないのです。

呼吸・内臓・血流などの生命活動をコントロールしているのが自律神経です。それらが正常に活動しつづけることで、体は一定のコンディションを保つことができます。その状態がつづいていればメンタルも安定し、心も体も「健康」な状態となります。

人間関係や仕事などでストレスがたまると、自律神経の活動のバランスがくずれてしまいます。すると、体にさまざまな不調があらわれてきます。いやなことがあったあと、体がとても疲れるように感じるのは、多くの方が経験しているでしょう。心と体は自律神経により密接につながっているのです。

まずは自律神経とは何か、ここから知る必要があると思います。聞いたことのある言葉だと思いますが、それがいったいなんなのか、どういう仕組みのものなのかを、具体的には知らない人も多いのではないでしょうか。

神経は体のすみずみにまで張りめぐる、体をコントロールするケーブルです。その神経には「体性神経系」と「自律神経」の2種類があります。

「体性神経系」はボールを蹴る、食べ物を咀嚼《そしゃく》する、というように自分の意思に従って筋肉をコントロールする神経です。

一方で、暑いときに汗をかく、寒くて鳥肌が立つ、まぶしくて目をつぶるというように自分の意思ではなく、体のコンディションを保つために自律して働いているのが、「自律神経」です。体を健康に保つためには、体のすみずみの細胞に栄養と酸素を送り届ける必要があります。それを運ぶのが血液であり、その血液の輸送ルートが全身に張りめぐらされた血管で、その全身の血管の中で血液を循環させるシステムが血流です。そして、このシステムに司令を出しているのが自律神経なのです。

自律神経の仕組み

自律神経は「交感神経」と「副交感神経」の2つから成り立っていて、そのバランスにより働きが変わっていきます。

交感神経が優位になると、血管が収縮するため血液が流れにくくなり、血圧が上昇します。さらに心拍数は増大し瞳孔が開き、唾液の分泌も減ります。緊張すると口の中がカラカラになったり心臓がドキドキするのは、交感神経の働きが優位になっているからです。イライラしながらもアクティブに動ける。この状態では、体は興奮状態になっているわけです。

逆に副交感神経が優位になると血圧が下がり、筋肉は弛緩し、リラックスした状態に向かいます。そして集中力は散漫になり、心身ともに沈静状態になります。

この対照的な両者のバランスがうまくいっているときは、血管の収縮と弛緩がリズムよく繰り返されることで血流がスムーズに全身をめぐり、酸素や栄養が全身の細胞一つひとつにくまなく供給されるようになるわけです。

交感神経と副交感神経のバランス

交感神経と副交感神経は、片方が上がれば片方が下がるというものではなく、両方が上がることもあれば両方が下がることもあります。そしてそのバランスがくずれると、心身に不調が出やすくなってしまうのです。交感神経と副交感神経のバランスは、次の4つのパターンがあります。

まずは自律神経のバランスが交感神経と副交感神経のどちらも高い状態。これが心身にとってベストで、血流が停滞なく脳にも潤沢に血液がめぐるため、頭の働きもクリアになり、集中力も高まります。

副交感神経の高まりによってリラックスできているので、心にも余裕をもてるようになります。そのため集中力を保ちながらも余裕のある判断もできるという、その人のもつポテンシャルを最大限に発揮できる状態になるわけです。

次に交感神経が高く、副交感神経が低い状態です。交感神経により血圧が上がって興奮状態のために心に余裕がなく、がんばりすぎの状態となります。アクティブではあるもののイライラやあせりが生じやすく、他者に攻撃的になってしまう傾向があります。最近のSNSでの炎上騒動や身の回りの人を思い返すとおわかりでしょうが、ストレスを感じやすい現代では、この状態になっている人が多いように思います。

3つめは交感神経が低く副交感神経が高い状態で、前述とは逆に血圧が低下しているために体がだるく、注意力も散漫となります。よくいえばリラックスしていますが、無気力でゆるんだ状態で、テキパキと考えたり行動したりはできないでしょう。

特に気をつけたいのは、交感神経と副交感神経の片方が高く、もう一方が極端に低い状態。こうなると免疫力が低下し、アレルギー性鼻炎や気管支炎、潰瘍性大腸炎などの自己免疫疾患、そしてうつ病などを招きやすくなることです。どれも、現代でとても多くなっている病気で、自律神経のバランスをくずすことはその原因のひとつになっています。

最後は最も危険な、交感神経と副交感神経のどちらも低い状態です。自律神経の働き全体が弱まっているわけで、血流もうまく回らず酸素や栄養も供給が鈍くなるために、細胞が活性化せずに体のあちこちが不調をきたし、ちょっとしたことでも疲れやすくなって集中力・判断力、そしてやる気も失われます。不眠や過眠などで生活バランスも乱れ、さまざまな健康被害も引き起こしてしまいます。慢性頭痛や便秘、だるさがとれないといった人は、この状態になっているかもしれません。放置しているとがん、脳卒中、心筋梗塞、糖尿病など、深刻な病気の発症リスクも高めてしまうことになります。

このように自律神経は、全身やメンタルの好不調に大きくかかわっています。

そしてその結果、自分だけではなく、ほかの人とのコミュニケーションにも大きな影響を与えることになります。

自律神経で変わる話し方・伝え方

自律神経をととのえれば人間関係もうまくいく

自律神経と心と体の関係については、医学的にも立証されています。私たちの自律神経研究チームで自律神経を測定する機械を開発して数値を測定したところ、人間のいだく感情によって自律神経の数値が大きく左右されることが判明しました。

喜び、楽しみなどのポジティブな感情をいだいたとき、自律神経のバランスはととのいました。反対に怒りやねたみ、そねみなどの感情をいだいたときには、数値が大きく乱れたのです。驚くことにネガティブな言葉をひと言発するだけで自律神経のバランスは乱れ、それにより血流が悪くなり内臓機能も低下することがわかりました。

自律神経と自身のメンタルや体が大きくかかわるということは、ほかの人とのコミュニケーションにも大きく影響を与えることになります。

自律神経が乱れれば血流は悪化し、脳にも酸素や栄養が十分に行き渡らずに、判断力や集中力が低下します。

また交感神経の高まりに余裕がなくなり、攻撃的なイライラとした感情にとらわれてトゲのある言い方をしてしまったり、副交感神経の高まりから集中力や判断力を欠いて無神経なことを言ってしまったりと、人間関係を悪くしてしまう状況に陥ることもあります。

「自分では気をつけようと思っているのに、ついよけいなことを言って相手を怒らせてしまう」「話しているとイライラしてケンカのようになってしまう」「自分の意図が伝わらず疎遠になる」「楽しく会話しているつもりが空気が読めないと言われる」……こういう失敗をしてしまう人は数多くいます。これは性格的なものや常識の問題ではなく、自律神経のバランスが乱れている可能性があります。

マナーや言葉づかいを学んだり、話術を鍛えようと勉強したりすることも大事ですが、だれかと実際に話すときにそれが生かされなければ意味がありません。

会話の引き出しを多く用意していても、状況に合った適切なものをチョイスする必要があります。付け焼き刃の知識だけでは、選択ミスが起こりやすくなります。そして適切な返しがすぐに出てこなければ、相手に自分のほんとうの考えや気持ちが伝わらないままになってしまうのです。

自分のためにも他人を不快な気持ちにさせない

犬やねこなどの動物は、コミュニケーションをとるために相手のにおいをかいだり毛づくろいをしたりし合います。しかし人間の場合は、言葉を発する→相手の言葉を聞く→そして相手の反応を見ることで気持ちを考える→これを繰り返して伝え合う。これが人に与えられた、代表的なコミュニケーション方法です。

見ること、聞くことと違って、言葉を発することは自分の意思がないとできません。

会社や学校、買い物に、趣味にＳＮＳと、人間は他者とコミュニケーションをとらなければ生きていくのがむずかしい生き物です。その中で自分自身を誤解されず、嫌われずに意思を正しく伝えるためにも、自律神経のバランスを意識して安定させることが重要になってくるのです。

コミュニケーションをとる相手をののしったりどなりつけたりすれば、ストレスにより交感神経のバランスが一気に狂ってしまいます。相手もこちらをののしり、自分もストレスを生じるという負のスパイラルに陥ります。

逆に、相手が心地よく返せるようなコミュニケーションをとることができれば、相手も同様に返してくれるというわけです。

「相手を不快にさせない」ことは、「自分が不快にならない」ことにつながっています。自分の意識しだいで、相手も幸せになるのです。このことが情緒的や社会常識的な面だけではなく、医学的にも立証されたというのは、とても意義があることなのです。

ウマの合わない上司に反抗的な態度をとりつづけていても自分の自律神経のバランスを乱すだけ損ですし、見知らぬだれかをＳＮＳで攻撃しても気分が晴れやかになることはないでしょう。

他人との会話がつづかなくて、「自分のコミュニケーション下手は性格の問題だから……」「自分の語彙力が足りないから」と、自ら他人とのコミュニケーションを閉ざす前に、ポジティブな考えに頭を切りかえましょう。

遅くまでテレビやスマホを見ていないで、よく眠ることを心がけるなど、自律神経のバランスをととのえる生活を意識してみましょう。その結果として、心身ともに快調になるという幸せな生活が待っているはずです。

1 章

コロナ時代の新しいコミュニケーション

新型コロナウイルスにより、いままでにない
コミュニケーション不足を経験した私たち。
コロナと共存しつつ、健全に過ごす方法を考えます。

01

コミュニケーションの新しい時代がやってきた

2020年以降、私たちはコロナ禍の不自由な生活を過ごしてきましたが、ようやくアフターコロナの時代へとシフトしようとしています。

コロナ前とコロナ禍での人間関係で、いちばん変わったのは人との距離感でしょう。ソーシャルディスタンスにより物理的な距離をとったこともそうですが、飲み会や外食が減り、リモートワークにより職場の同僚やクラスメートと直接会うこともなくなってしまいました。

またマスク生活があたりまえになって、相手の表情が読みとりにくくなったりもしました。そして直接ふれ合って顔を見ながら話をする機会が大きく減り、コミュニケーションの様相は一変してしまったのです。

こうした時代の変化は体にもストレスとなり、それがつづいて自律神経は大きく乱れたままです。停滞し、閉塞的な生活をつづけるストレスもあってか、いたずら動画投稿の騒動や芸能人などへのコメント炎上も一気にふえました。

リモートワークのチャットやLINE、Twitterなど、インターネットを介してのコミュニケーションは「向こう側に人がいる」という意識が希薄になり、相手に与える不快感に鈍感になりがちです。そんな時代だからこそ、相手への「伝え方」はより重要になっているといえます。

時代の大きな流れを戻したり動かすことはむずかしいですが、自分の体の自律神経をととのえることはすぐにでも可能です。少し早起きして散歩してみたり、ダラダラと夜ふかしをやめたり、時間どおりに食事をしたりと、規則正しい生活を意識するだけでもポジティブな気分が芽生え、心に余裕が生まれます。

ネガティブな言動をつづけることで、相手はもちろん自分自身の自律神経の乱れとなって戻ってくることがわかっているので、その衝動もおさまるはずです。少しずつコロナ以前の生活に戻りつつあるように、自分自身も少しずつでもポジティブな方向に向かっていけるように行動して、幸福感を高めましょう。

02

まずは、自分自身の心をととのえる

自分自身では努力しているつもりなのになかなか結果が出ない、子どもを叱っても言うことを聞いてくれない、思ったようにプレゼンができない、何か漠然とした不安が頭から離れない、どうにもやる気が起きない、幸せを感じられない……などというときは、自律神経のバランスがくずれています。

特にコロナウイルスの広がりにより、日常生活に「規制」や「制限」をかけられていたこの3年間。だれもが大きなストレスをかかえ、心身とも不調な状態です。「特に体の不調はないが、好調というわけでもない」「落ち込んではいないが、行動的な気分にはならない」という人は、ふえています。みんな漠然とした不安や怒り、イライラをかかえているわけです。こんな生活では幸せを感じられませんし、自律神経によい影響を与えるわけはありません。

この状態のまま、仕事仲間や家族、SNSにストレスをはき出しても、倍のストレスになって戻ってくるだけでいいことは望めません。まずは、自分の心をととのえて余裕をもつところから始めましょう。

交感神経が優位なバランスで心に余裕がないと、ふだんなら気にならない話し相手の言動にカチンときたり、行動にイライラしてつい攻撃的になってしまいがちです。また副交感神経が優位な状態で集中力を欠いていれば相手をイラつかせたり、大事な用件を聞きもらしてしまうかもしれません。

よけいなギスギスが生まれてしまうのは、自分自身の準備が足りなかったと考えてみてください。なんだか腹が立つことがあっても自律神経が安定しているときに思い出してみれば、相手に余裕がなかったのだな、と思えば許せるようになります。

他人の言葉はコントロールできませんが、自分自身の受け入れ態勢を準備すれば、与えられるストレスは大きく減ります。だれもが余裕をなくしている時代だからこそ、自ら心の器を大きくしておくことが、円満な人間関係を築いてお互いに幸せに過ごすために必要になると考えられます。

03

なんのために、だれのためにやるのかを考える

円満な人間関係を築くためには、自分の心の器を大きくする必要があると前ページでは説明しました。それに対し、きっとこう思う人もいるのではないでしょうか。「理不尽なことを言われてもこちらががまんするのか」「逆にこちらがストレスをためる一方なのではないか」「まちがっていることは指摘するべきなのではないか」

もちろん暴言や相手の無神経なふるまいにカッとなり、不快になる気持ちはわかります。しかし、一度深呼吸して考えてみてください。カッとなっているときには、あなたの自律神経のバランスも大きく乱れています。

そのまま反論しても、お互いのネガティブな気持ちがぶつかって、ストレスをかけ合うだけになるという結果は見えています。

まちがいや誤解をただす必要があっても、まずは相手の言うことをしっかりと聞き、

安定した気持ちで考えましょう。むしろ相手の自律神経がととのうように配慮しながら誤りを伝えたほうが、建設的でもあります。

そもそも、なぜコミュニケーションをとりたいのかを考えてみましょう。「相手の優位に立ちたい」「こちらの正しさを相手にわからせたい」といった気持ちは第一にくるものではありません。

コミュニケーションの根本には、「円滑に仕事を進めたい」「仲よくなりたい」「自分の考えを正しく伝えたい」といった目的があるはずです。その達成のために、マイナスの感情同士でぶつかり合うことは、けっしてプラスには向かいません。自ら自律神経のバランスを乱し、相手の自律神経も乱していく行動にメリットはないのです。

すべては自分のためと考えれば、その場で同じレベルになって反論する必要はないという気持ちになり、しだいに落ち着いてくるはずです。理不尽な要求や根拠のない暴言を、受け流すことができます。ムダな言い合いは、お互いに幸せになりません。

ただし、自分の中にため込む必要はありません。誤りを訂正する必要がある場合、落ち着いた気持ちで接したほうが伝わるということです。

04

自律神経と話し方・伝え方の関係

相手と「話す」という行動は、こちらが「言う」言葉を相手が「聞く」、その言葉に対して相手が返事を「言う」、それをこちらが「聞く」、という行動が連続することで成立します。

会話をスムーズに行うためには、まず相手に伝わりやすい適切な言葉を選ぶ必要があり、相手の伝えたいことを正しく理解する必要があります。

一瞬のうちにこれを繰り返すのですから、即座に正しい言葉を選び、伝えることは非常に困難です。また発する言葉は、感情によってムラが生じます。イライラしているときはトゲのある言い方になったり、落ち込んでいるとき言葉が出てこなくなったり、疲れているときに的はずれな返答をしてしまったりすることは、だれしも経験があると思います。思いの伝わらないことほど、不幸なこともないでしょう。

この言葉のムラには、自律神経が大きくかかわってきます。交感神経と副交感神経が高まったベストの状態のときには血流も万全で、脳のすみずみまで血液が送り届けられて正しい言葉をチョイスできます。逆にバランスがくずれていると血流が悪化して集中力・決断力が落ちて、まちがった話し方になってしまいます。

「話し方には気をつけているつもりだけど、いつも注意される」「嫌われてはいないと思うが、自分が話し始めると周囲の空気が微妙になってしまう」などという人は、自律神経のバランスがくずれているのかもしれません。逆をいえば、それを改善すれば話し方や人間関係も改善していく可能性があります。

「口は災いのもと」でもありますが、「幸福のもと」にもなるのです。正しい「話し方」を自然とチョイスできるようになれば、自分の考えも伝わり、相手の真意も伝わってくるので、コミュニケーションの行き違いはなくなっていきます。

そしてその「話し方」を身につけるには、技術として覚えるのではなく、健康で規則正しい生活を送り、自律神経をベストな状態に保てるように心がける。これがコミュニケーション力を高める一番の近道なのです。

05

つきあう人間関係をアップデートする

入学、卒業、就職……過ごす時間の区切りは、自分をとり巻く人間関係の区切りでもあります。コロナ禍を経てアフターコロナの時代に入り、あなたの周辺の人間関係やその距離感も大きく変わっていったのではないでしょうか。

こんな時代だからこそ人との向き合い方を見直して、人間関係をアップデートする絶好の機会になります。「苦手な人から距離をおく」ひとつのきっかけになるかもしれません。

ストレスの原因の9割は人間関係で、特に上司や教師、会社の同僚など、苦手な人とコミュニケーションをとらざるをえないときほど心に大きな負荷がかかるので、距離をおけるのであれば、多少強引にでも実行したほうが、自律神経のバランスの安定のためにはよいのです。

最低限のおつきあい以外はなるべく避けたいところですが、毎日のように顔を合わせている相手だと、そうはいきません。これまでは周りの目や反応も気になって、なかなか踏み切れない人がほとんどでした。

ところが一度コロナ禍を経たことで、状況が変わりました。リモートワーク環境がとのい、コロナ前は参加するのがあたりまえの空気だった飲み会も断りやすくなり、苦手な人と物理的に接触する機会を減らすことができる、そしてそれを「普通」にする大チャンスになったわけです。

人間関係のアップデートはそれだけではなく、しばらく連絡をとりそびれていた昔からの友人に連絡したり、ささいな行き違いから疎遠になってしまった人に謝ってみるなど、ポジティブで幸せな関係の更新を図る方向もあります。

なんとなく心のすみにひっかかっていたモヤモヤを一掃することが、自律神経の安定につながります。コミュニケーションをとる相手にとっても同じように心の更新につながっていく絶好の機会にもなります。

06 朝の習慣にプラスワンして、いい流れを生む

コロナ禍から平常の生活に戻りつつあるとはいっても、リモートワークの仕組みができて毎日通勤する必要がなくなったり、外でお酒を飲んで帰っていたのが宅飲みになったり、コロナ禍前とアフターコロナとでは、生活習慣が変わってしまった人も多いと思います。

「リモートワークで同僚や上司と会わないから」と、着替えもせずに家でダラダラと仕事をしていた結果、やる気が全く出なくなった。「早起きして駅に行かなくていいから」と、遅くまでベッドの中でスマホを眺めていたら生活がルーズになり、頭痛や肩こりがひどくなった……というような症状を訴える人はいまでも多くいらっしゃいます。生活習慣が乱れると、自律神経も大きく乱れることになります。

しかし、生活を元のとおりに戻すことはなかなか時間もかかるし、急激に決めたこと

をすべてやろうとしてもつづかないでしょう。

そういうときは朝の習慣に一つだけでいいので、新たなルーティンを加えてみてください。むずかしいことでなくていいのです。

「30分早起きして朝日を浴びる」「抜いていた朝食にパンを焼いて食べる」「起き抜けにストレッチをする」、このくらいでも十分です。

これらすべてを一度にやろうとすれば途中で挫折してしまうかもしれませんが、一つだけならつづけられるはずです。

行動の内容はあくまできっかけにすぎません。ダラダラ起きて流れのままに時間を過ごすのではなく、大事なのはきっかけとなる行動をして、自分の意思でいい流れに向かうようにすることなのです。

さらに効果的に自律神経をととのえるには、その行動を「エレベーターの順番を譲る」「コンビニやスーパーで店員に『ありがとう』とお礼を言う」といった、ささやかな「よいこと」にしてしまうのです。

これを習慣づけることができれば、たとえば学校や職場でいやなことがあってムシャクシャした帰り道、コンビニで店員にいつもどおり「ありがとう」とお礼を言うだけで、いくぶんかでも怒りがおさまります。小さな「よいこと」を受けた店員もまた、自律神経がととのっていきます。

自分で決めた小さな「よいこと」をたった一つ実行するだけで、だれでも自律神経をととのえることができるのです。

「人間の幸福というのは、めったにやってこないような、大きなチャンスではなく、いつでもあるような、小さな日常の積み重ねで生まれる」。これはベンジャミン・フランクリンの言葉です。まさに日常の小さな「幸せ」を自ら生み出していくことで、自分も、周囲の人たちも幸福になっていくのです。

2章

自律神経がととのうベーシックなメソッド

人間関係やSNSのやりとりなどで、
日常的に自律神経のバランスは乱れがちです。
でも、ここで紹介するメソッドを行えば良好状態に。

07

「箱」をイメージして、自律神経の状態を把握する

自律神経のバランスが乱れていると言葉のチョイスをまちがえたり、とっさに言葉が出てこなくなったりしてしまうことは、1章でもあげたとおりです。

しかし自律神経が現在どういうバランスなのか、交感神経と副交感神経のどちらが高まっているのか、または両方高まっているのか低くなっているのかという状態は、自分ではなかなかわかりません。

そこで、自分の状態を把握するために私が編み出した方法は、「箱」をイメージすることです。

その方法ですが、まずコミュニケーションを始める前に「体調」「予期せぬ出来事」「環境」「自信」「天気」「相手の様子」「時間」「感情」の8つのことを思い浮かべます。

自律神経のバランスが体調に左右されることは、わかりやすいと思います。さらに直

前に何かトラブルやハプニングがあったり、騒音や悪臭などにより身の回りの環境が悪かったり、いまから話すことが準備不足で自信がもてなかったりということからも、バランスは乱れてしまいます。

また雨やくもりなど天気が悪い、相手の機嫌がよくない、時間的な余裕が足りなかったりと、直接は関係なさそうなことでも自律神経は簡単に乱れます。

そして欲望や嫉妬、虚栄心などの感情が自身にあらわれるときは、交感神経が優位となっているので、バランスがくずれてしまうのです。

これらの要素を自分を中心においた箱をイメージして、8つの角に配置します。そして、中心からそれぞれを見すえていけば、「体調があまりよくないから、いい言葉が出てこない」「この言葉は自信がないことから浮かんでいる」というように、いま、自律神経がどういうバランスなのかを客観的にとらえることができるのです。

最初は8つの角を意識するのに時間がかかるかもしれませんが、慣れてくればだれでも自然にできるようになります。

08

「つくり笑い」でもOK！ 笑顔は副交感神経を活発に

笑顔は、自律神経のバランスをととのえます。「笑顔は人間関係を円滑にする」「みんなを幸せにする」ということはわりとあたりまえに感じることと思いますが、経験や情緒的なものだけではなく、医学的にも証明されています。

いろいろな表情をしたときの自律神経の状態を計測して比較してみたところ、笑顔をつくると副交感神経の数値が上がるという結果が出ました。

逆に、怒ると副交感神経の数値はガクンと下がります。すると血流は悪くなり、イライラや焦燥感がわき出てくるので、ネガティブな空気がその場に漂ってしまいます。その空気の中で円滑なコミュニケーションをとることは至難のわざとなるでしょう。

面白いのは、この笑顔は「つくり笑い」や「おべっか」であっても効果があるということです。人とのコミュニケーションにおいて多用するとあまりいい印象をもたないかもしれませんが、青筋を立てて正論をまくし立てるよりも、副交感神経の数値は確実に上がっています。

「つくり笑い」や「おべっか」を使う人にモヤモヤしてしまうという人は、確かにいます。それが強いストレスになるときはやめるべきですが、基本的には気にしなくてもよいのです。

軋轢《あつれき》のないコミュニケーションのために「あえて」笑顔を意識していると自分で理解していれば、自己嫌悪に陥ることもありません。そのことに対していろいろと言ってくる人もいるかもしれませんが、どういう意思で笑顔をつくっているのかを自分が理解しているのだから聞き流せばいいのです。

笑顔の他人と接してイライラするという人は、そもそも自律神経のバランスが大きく乱れています。たとえフェイクであっても副交感神経を上げる笑顔をつくることで、コミュニケーションが改善され、よいほうに向かいます。

09

ゆっくり話すとパフォーマンスが上がる

ゆっくり話すことは、だれでも、いますぐ簡単に実行することができる、最良のコミュニケーション術です。

人体の構造で見ると、ゆっくり話すということは、深く呼吸をすることでもあります。深く呼吸をすることで体内に多くの酸素がとり込まれ、それが血流によって脳をはじめとした体のすみずみにまで供給されます。

心身ともにリラックスし、余裕が生まれるので、言葉や伝え方のチョイスを失敗することは確実に減ります。言葉が口から出てくる前に、もう一度頭の中で内容をかみ砕いて適切な伝え方におきかえることができるので、簡潔で伝わりやすい会話ができるようになります。

また会話をしているとお互いのペースが同調していくので、話し相手もまた呼吸が深くなり、お互いのパフォーマンスを自然と高め合うことになります。

しかも、リラックスした状態で話を聞けるので、声そのものも心地よく感じてもらえるのです。声がいいと評判の俳優や芸人を思い返してみても、みんなゆっくりとした話し方をしていることがわかるでしょう。

反対に、早口になれば呼吸は浅く速くなり、交感神経が高まります。そうなると瞬間的にはテンションは上がりますが、長くその状態がつづけば血管は収縮して血流が悪くなり、パフォーマンスは低下してしまいます。

聞いている相手の交感神経を上げて副交感神経も下げるため、あせりを呼び、ミスを誘発するなど、あまりよい結果は期待できません。

怒りや悲しみなどの感情をあらわにしているとき、また、話す内容に自信がなく、あせっている人は交感神経が高まっているので、自然と早口になりがちです。

逆にいえばゆっくりと話しているだけでも、相手には理性的で信用のできる人という印象を与えることができるのです。

10

1：2呼吸法で気持ちをととのえてから挑む

第一志望の大学や資格の試験、就職の面接、社運をかけたプロジェクトのプレゼン、恋人へのプロポーズなど……人生のかかった大一番の状況に緊張しない人はいません。

そういう極度の緊張時はどうしても呼吸は浅く速くなり、体はガチガチになって動かしにくくなり、ふだんどおりの発想力・判断力も発揮できなくなってしまいます。そんなときに役立つのが1：2呼吸法です。

1：2呼吸法は、空気を3秒口から吸ったら6秒鼻からはくというもので、自律神経が非常に高いレベルで安定します。あせりや緊張をやわらげ、集中力を持続してくれるのです。一流のアスリートや手術の名医と呼ばれる人たちは、無意識であってもたいていはこの呼吸法を身につけています。

そのやり方はとても簡単です。

3〜4秒間、口から息を吸う
6〜8秒間、鼻からゆっくりとはく
これを5〜7回繰り返す

息をはくときはなるべくゆっくりと、長くはくことを意識してください。そうすることで首にあるセンサーが反応し、より効果的に副交感神経を高めてくれます。

実は呼吸は、自分の意思ではコントロールできない自律神経を高められる唯一のアクションなのです。

ここ一番の勝負という場面だけでなく、1日に1分、就寝前の習慣にするだけでも自律神経を高める大きな助けとなります。

寝る前に布団の中で全身の力を抜き、全身の細胞の一つひとつにまで酸素や血液をめぐらせていく……。そのイメージを思い浮かべながらゆっくりと繰り返すと、さらに効果的です。

11

「3行日記」を書いて、自分の感情を整理する

複雑な人間関係、日々の暮らしの中で自分にたまっていくモヤモヤとした感情は、はっきりとしないままストレスとなります。それを整理するためにおすすめしたいのが、「3行日記」を書くことです。

非常にシンプルな作業ですが、自律神経をととのえるのにすぐれた効果を発揮します。やり方は簡単で、1日の最後に次の3つの点について、1行ずつ日記をつけます。

①きょう、いちばんいやだったこと
②きょう、いちばん幸せを感じたこと
③あしたの目標

書き出す3つの順番にも意味があります。

最初に「いやだったこと」をはき出すのは、何にストレスを感じたのかを知るためです。人間関係なのか、経済的な悩みなのか、漠然とした先行きへの不安なのか……いずれにしろ、とらわれているネガティブなものの傾向が見えてきます。そして文章として書き出すことで、かかえ込んでしまっていたストレスを発散することができるのです。

次に「幸せだったこと」を書くのは、気持ちを切りかえるためです。この1行の文章を書くために、1日の中から幸せを探すようになります。すると、あとで日記を見返したときに過去にあったことはいやな出来事ばかりではなかったと気づき、事実に客観的に向き合えるようになるのです。

40代、50代になると加齢から副交感神経の働きが低下しやすくなりますが、うれしい、楽しい、幸せといった感情を意識することで、副交感神経の働きを高めていくことができるのです。

最後に「あしたの目標」を書くことで、未来に目を向けてすっきりした状態で1日を終えることができます。

12

口に出して、自分自身とコミュニケーションをとる

最も身近であり、たいせつにするべきコミュニケーションをとる相手は、実は自分自身です。ポイントは、心の中でやりとりをするのではなく、口に出して話をするということです。それも、前にあげたようにゆっくりと話すことが肝要です。

何か大きなミスをしてしまったとき、「なぜあんなことをしてしまったのか」「どうしたら挽回できるのだろう」などと自問自答することはあると思います。

しかし、それは脳内で考えをめぐらせているだけで、いちいち口に出して自分に問いかける人はほとんどいないと思います。それも断片的な言葉で、感覚的に答えを思い浮かべて終わらせてしまいます。

そうではなく、きちんと文章のかたちにして口に出して質問し、文章のかたちにしてその問いに答えてほしいのです。

たとえば、仕事の失敗に対して、上司や先輩から、「きみは、この仕事に向いていないんじゃないのか」などと叱責を受けることもあるでしょう。自身に余裕がないときは、このような言葉をそのまま「自分から自分への言葉」として受けとってしまうかもしれません。

しかしその言葉はしょせん「他人から自分への言葉」であり、他人の考えや感情が入り込んだものです。それよりも、自分と次のようなかたちで対話してみてください。

自分A「ほんとうに気を抜かずにやったのか？」
自分B「慣れている仕事だし、どこかゆるんでいたかもしれない……」
自分A「それがこの結果を招いたのだから反省しなきゃ」
自分B「反省はするけど、とり返しがつかないよ」
自分A「そんなにウジウジしてもしかたがないだろう。終わったわけじゃない。リカバリーする方法を考えればいい。たいせつなのはこれからだ。さて、まずはどんな方法があるだろう？」

怒りや軽蔑、アドバイスや同情など外から向けられるストレスを排除して自分と向き合ううちに、徐々に自律神経はととのっていきます。冷静になってくると、いま、自分はどう考えているか、するべきことは何かが見えてきます。

たった5分でいいのです。他人の言葉が入ってこない空間で、自分と対話してみてください。

自分を幸せの方向にもっていけるのは自分自身しかいませんし、ほんとうの自分の心を理解できるのは、どんなすてきなアドバイスをくれる他人よりも自分なのです。

3 章

心が通う 話し方・伝え方

心と自律神経がととのって人生が幸せになる、
そんなコミュニケーション術を紹介します。
どれもいつもの行動をちょっと見直すだけで OK です。

13 心を込めた感謝の言葉には、気分を晴れやかにするパワーがある

NG

あっ、どうもすみません

NICE

ほんとうに、ありがとうございます

- 感謝や思いやりの言葉を口にすると副交感神経が高まり、晴れやかな気分に
- 笑顔でゆっくり言うと効果大

私はイギリスに留学していたときに「After you（アフター ユー）＝お先にどうぞ」という言葉をよく耳にしました。イギリスには相手に譲る文化がありますが、それを象徴する言葉の一つです。

日本でも「ありがとうございます」「たいへん助かりました」といった感謝の気持ちを口にすると、それと同じように一瞬でもわずかでも心が洗われ、すがすがしい気持ちになるはずです。これはちょっとした行動や心づかいをするだけで、気持ちが晴れやかになり、自律神経もととのってしまうからなのです。

感謝を相手に伝えることを自分自身への「プラスワン」と私は呼んでいます。生活に意識的に「プラスワン」をとり入れていくと、気持ちが毎日リセットできます。

その日いやなことがあって落ち込んでいても、いつも使う駅の売店で買い物をして、帰りぎわに店員に「ありがとうございます」と伝えたならば、「プラスワン」を一つ行ったことになります。心も体もリセットでき、翌日にはハツラツとした気持ちで仕事にとり組めます。

14 意見するときも、まずはほめることから！

NG ✕

なかなか見直したよ

←

NICE ◎

さっきの○○は最高だったよ

- ほめ言葉から会話をスタートすると、緊張している気持ちも空気もやわらぐ
- 自律神経のバランスもととのう

日本人はほめられるとどこか照れくさく、ほめられても「とんでもない」などと否定してしまい、素直に受け止めないことが多くあります。逆にほめることも苦手で、「最高！」「さすがですね」と感じても、なかなか口にできません。

だからこそ、それらに慣れていない日本人にとっては、ちょっとしたほめ言葉や行為ですら、とても前向きなコミュニケーションツールとして効果を発揮するのです。

ほめられると、人はこり固まっていたり緊張したりしていた心身の力が抜けて、相手のほめ言葉を受け入れて、心地よいと感じるようになります。これは副交感神経の働きが高まっているからで、血流が促進され、脳も活性化されます。結果として仕事の生産性をアップさせます。

ですから叱る場面でも、叱る前にまず、「いつも助かってるよ」など、何か一つよい点をほめてみてください。その後に叱れば、悪いことをしたと反省し緊張している相手は、「自分のことをしっかり見てくれている」と感じ、素直な気持ちで厳しい指摘も受け入れられます。

お互い気分がよくなる「ほめ言葉」を積極的に言っていきましょう。

15 伝えたいことは、内容の2割わかってもらえれば十分

NG ✕

ちゃんと聞いてた？ わかってる？

NICE ◎

～ということなんだけど、理解できそう？

- ２割伝われば上できというスタンスで
- 「私＝あなた」ではないをベースにする。期待値が下がると、自律神経もととのう

人は自分が伝えた言葉をすべて理解してほしいと考えがちですが、思い込みや誤解、聞きまちがいなどのミスもあれば、理解不足ということもあります。またコミュニケーション過程でさまざまな要因が絡み合うため、100％の理解はむずかしいのです。

私は言葉の2割が伝われば、コミュニケーションは成立すると考えています。低い理解度で十分と思えば、相手への期待値も下がります。そうなると同じことを何度も聞かれてもイラッとすることなく、こちらも何度でも返答してあげる余裕がもてます。

この心の余裕こそが体調維持にはたいせつで、自律神経のバランスをととのえ、体の不調も改善されます。

これまで努力して困難を自力で乗り越えてきたという人は、自分と同じような行動を求めてしまうため、周りの人への期待値が高くなります。また要領がよい人は、不器用な人に対して「どうしてこんなことが理解できないの」と思ってしまいます。

どの場合も一方的に勝手に期待して失望し、批判しているだけのことです。他人をコントロールすることは不可能なので、それならば自身の見方や考え方をすぐにでも改め、「言葉は2割伝わればＯＫ」という認識にスイッチしましょう。

16

あいまいな返事は誤解のもと！迷いを吹っ切る言葉で乗り切る

NG ×

そうですね〜。検討します

←

NICE ◎

了解です！承知しました

- あいまいな返事が引き起こすすれ違いは、双方に大きなストレスとなる
- 人間関係悪化の原因にも

急な仕事を依頼されても、手いっぱいで断らなければいけないことがあります。しかし、「いい人」でいたいがために、「時間的に厳しいかも……」などとやんわりと返事をすると、誤解を招きかねません。

自分では「時間的に無理です」と言っているつもりが、「そんなたいへんな状況の中、申しわけない」と、相手は「依頼を了承してくれた」と勘違いしてしまう可能性があるからです。場合によっては、引き受けざるをえない状況になってしまうかもしれません。

そして微妙なニュアンスで伝えようとしたことがストレスとなり、自律神経のバランスがくずれてしまう心配もあります。

なかなか断りを言い出せない性格の人もいますが、ストレスを大きくしないためにも、「あいまいな返事」は避けるようにしましょう。また、引き受けるときも、気持ちよくはっきりとを心がけてください。

これが信頼度を高め、人間関係をスムーズに運ぶことに結びつくのです。

17 飲み会の誘いを断るときは、無理なことをきっぱり伝える

NG ×

できれば行きたかったのですが、
残念です

NICE ◎

都合がつかないため、
今回は申しわけありません

●「NO」の意思表示でムダなストレスが軽減して、自律神経のバランスがととのう

「参加しなければよかった」と後悔するめんどうな集まりや誘いは、職場の飲み会や取引先との食事会など、いろいろとあります。気の進まない飲み会ほど、参加してストレスを感じるものもありません。つまらないからとつい深酒になり、二日酔いや胃腸の不調などを引き起こし、後悔がストレスを増大させることだってあるのです。

たいていは職場の同僚の誘いを断れず、「断ってばかりもまずいよな」と思って、なんとなく参加するパターンでしょう。参加するときに何より大事なことは、「自分はなんのために参加するのか」「目的はなんなのか」を確認して決めること。職場の友好関係キープのためというのが表面上の理由であれば、「つきあいがいい人と思われること」ですから、飲み会が楽しくなかったとしても、目的は達成されています。

つきあいが悪い人と思われたくないという理由から参加を繰り返していると、会合の日が近づくにしたがい自律神経のバランスが乱れてしまいます。体調維持のためにも、行くか行かないかは、なるべく早めにきちんと伝えましょう。

18

緊張するときは、本題に入る前に天気や住所の話題で場をなごませる

NG ✕

さっそく本題に入りましょう

↓

NICE ◎

お住まいはお近くですか？

- 真剣な話の前段に天気や住所の話をして、まずは心をリラックス
- 不安を軽減して自律神経をととのえる

緊張とは、これから起こる出来事に対し、体がスタンバイしている状態のことです。必ずしも悪いことではなく、多少の緊張感はあったほうがよいものです。初対面の相手といきなりコミュニケーションをとることも、緊張する一因です。

医師の私が初診の患者さんと診察室でお会いするのも、初対面に等しいものです。私を訪ねてくるのですから、心や体に不調をかかえて、ほとんどの方は自律神経のバランスがくずれています。

医師は「先生」と呼ばれることで、いつの間にか患者さんに上下関係のようなものを形成させてしまっています。当然そんな関係など存在しないのにです。

医師である私の務めは、患者さんの病状を的確に把握し、最適な治療法を提示することです。そのためには問診がたいせつになってきます。この問診では患者さんをリラックスさせ、話しやすい関係と空間をつくり出す工夫をします。初診の患者さんのカルテの住所を確認し、いちばん最初に「きょうは遠くからたいへんでしたね」と言います。近隣からであれば、「こちらは便利でいいところですよね」など、フレーズはアレンジします。

昔から緊張をほぐすには天気や住んでいる場所は便利な話題です。

19 不愉快な言葉を言われたら、少し抑揚をつけて空気を変える

NG ×

申しわけないです……

NICE ◎

ほんとうに、申しわけ、ありませんっ

- 不愉快な言葉にはいさぎよさをプラスして、ポジティブ方向に変換
- 抑揚をつけて言うとより効果的

普通の会話では、抑揚をつける必要はありません。相手も自分も自律神経が乱れていないならば、「話し方」は通常と同じでだいじょうぶです。抑揚のある言い方を意識するのは、一瞬で空気を変えたい、自分が劣勢な場面です。ミスを指摘されたり、交渉が不利な状態だったり。そんなときこそ、話し方に抑揚をつけてみましょう。

相手がカッとなってどなってきたら、「ほんとうに、申しわけ、ありませんっ」というように、少し大げさに感情を込めて言ってみます。

少し離れたところから、相手と自分の表情を客観視することがポイント。入り込みすぎると自分を見失って、自律神経のバランスが乱れてしまいます。

また怒りや羞恥心といったネガティブな感情から解放される手段としては、トラブルなどを脳内で24時間以内に、やや小さめな出来事に話をつくりかえてしまう方法があります。脳内で自分に都合のよいストーリーに変換すると、ネガティブな視点でとらえていたものが、全く違って見えてきます。

でき上がったストーリーが感情を支配し、怒りやネガティブな感情は薄れていきます。これは心理的な防御反応の一種で、副交感神経の働きを向上させ冷静さがとり戻せます。

20

相手に好意や興味のあることが伝わると、良好な距離感が築ける

NG

今後とも
よろしくお願いいたします

NICE

お目にかかれて光栄でした。
ぜひまた、いろいろ教えてください

- 相手に好意的な言葉を伝えると、相手も同じような感情をいだく
- 楽しさの共有が自律神経をととのえる

自律神経をととのえてベストコンディションで毎日を過ごすには、人間関係がとても重要です。「ストレスの9割は人間関係」とは私がよく使う表現ですが、人間関係がよくなればストレスが減り、肉体的にも精神的にもよい状態になります。

ところで人間関係を見直すというと、距離をとるほうを考えがちです。しかし私は「感謝は自律神経をととのえる」と話し、積極的にかかわることを提案しています。これはだれかに感謝しているとき、人の心身はとても落ち着いた状態になっているからです。

そして人と交流して自律神経をととのえようとするなら、自分にとって「感じのいい人」とつきあうのがより効果的です。「この人は感じがいいな」「いつも対応が気持ちいいな」と心が感じたら、自然に自律神経はととのっているのです。自律神経はそうやって伝《でん》播《ぱ》していくので、「感じのいい人」と多くふれ合えば、体調はどんどん良好になります。

では、あなたにとって「感じのいい人」とは、どんな人でしょうか。私の場合は、「謙虚な人」「悪口を言わない人」「いつも明るく笑顔でいる人」になります。そんな人と話しているだけで、いつの間にかこちらの自律神経はととのってきます。そして自分でも「感じのいい人」になろうと、意識するようになってくるものです。

21 人の話を聞かない自己中さんには、まず相手にすべて話させる

NG ×

へえ〜、でも私の場合はこうですよ

←

NICE ◎

わあ、そんなことがあったんですね

- まずは相手にすべて話をさせて、満足感を与える
- 相手の話の感想を伝えてから自分の話に

自分の話ばかりを意気揚々と話しつづけ、ほかの人の話には全く興味がないうえに、いつの間にか話題を横取りしてしまう自己中心的な人がいます。延々と自分の話ばかりがつづくと、聞いている人は疲労困憊してしまい、ストレスを感じることになります。

こういうタイプの人は会話のメンバーの中で年長者であることが多く、悪気などみじんもありません。むしろ、「自分の体験を話して人を喜ばせている私って、なんて親切なんだろう」と自己満足しているのです。

コミュニケーションは自分と相手がいて成り立つものです。一人が話すだけでは、退屈になり、信頼関係は得にくくなります。むしろ、その場の聞き役の自律神経のバランスをくずすだけです。

自己中心的な人には、まずは話したいことをすべて話させてしまいましょう。このとき面白くない話ならば、頭の中でスルーしてもよいので、簡単な相づちを打ちながらとりあえず一度は受け止めます。

その後、「私の話もいいかな」と言いながら、自己中さんの話にかぶせるように見せながら、自分の話を展開するのが、ベターなコミュニケーション術といえるでしょう。

22 苦手な相手こそ、積極的な声かけでモンスター化させない

NG ×

私にどうしろとお考えですか?

←

NICE ◎

いろいろ教えていただけると助かります

- 苦手な相手にはあえて声をかけて、自分の中の苦手意識を小さくする
- 話しかけできないときは、遠ざかる

どんな人にも、苦手意識をもつ相手はいるものです。特に職場など、毎日顔を合わせる場所に「苦手な人」がいると、それだけで自律神経が乱れてしまいます。

そこでストレスを軽減する方法をご紹介します。まずは「苦手な人」とはできるかぎり距離をおき、接触する時間を減らすという作戦です。ランチや飲み会など、その人がいる席には行かないようにし、このスタンスで苦手な人とのかかわりを減らします。

前者のように苦手な人との距離をとれないという人は、180度発想を変えて、積極的にかかわってみます。もし仕事でかかわる人ならば、どんどん話しかけるという荒療治を試みます。勇気を出して、「いろいろ教えていただけると助かります」といったぐあいに、積極的に質問やお願いをして意見を仰ぐのです。

ストレスをかかえている人は、苦手な人と接する時間を短くしていることが多く、苦手意識となって、自分の中のモヤモヤで相手をモンスターと思い込んでしまいます。苦手モンスターが巨大化するほどに、ストレスも増大するのです。

しかし「苦手な人」に接してみると、相手は想像ほどのモンスターではなく、性格が合わないだけとわかります。本来の姿を知ることで、関係改善ができるかもしれません。

23 余裕がない相手には、ゆっくりとゆるい言葉をかける

NG

肩の力抜いて〜

NICE

あせらなくてもなんとかなるよ。
気楽にいこう

- がんばりすぎていることを強調しない、おだやかな言葉を選ぶ
- 話しかけはやさしく、ゆっくりと

私が初めてロンドンに留学し、臨床医師として働き始めたころ、慣れない環境と言葉のハンディキャップもあり、自律神経は最悪なほど乱れていました。そんな私に同僚は、「Take it easy!＝気楽にいこう」と声をかけてきたのです。

その瞬間、自分の中で張り詰めていた気持ちがゆるみ、単なるがんばりとは違う、おだやかなエネルギーがわいてきたのです。その言葉がなければ、当時の私はつぶれていたかもしれません。

必死にがんばるだけでは、体ばかりか心も壊れてしまいます。人生を豊かにするためには、おだやかな中であせらず、エネルギーを蓄えることがたいせつとわかりました。

そうはいっても現在ではＳＮＳなどの情報があふれ、少なからずあせりを感じずにはいられません。これは、自分に必要な情報が見つけられない迷いからきているものです。

そんな状況下で人生を迷っている人には、「あせることないよ」「なんとかなるよ」と声をかけてあげましょう。あせらずにじっくりとり組めば、あのときの私のように、おだやかなエネルギーを感じ、きっと何かしらの答えが見えてくると思います。

早く答えを見つけ出そうとせず、自分の人生を少しずつ進んでいけばいいのです。

24 怒りがわいたらとにかく黙り、落ち着いてから解決策を提案する

NG ✕

（部下に対して）
なんでこんなことになったんだ！

NICE ◎

……なぜこうなったか、
いっしょにチェックしてみようか

- 「沈黙は金」と心得て、心を落ち着ける
- 自律神経を乱さないためには、
怒らない習慣を身につける

仕事やプライベートに関係なく、腹の立つことは日々起こります。「怒り＝自律神経の乱れ」で体調をくずす原因となります。自律神経が乱れると血流が滞るので、脳に十分な酸素や栄養が届かなくなるため、冷静な判断や感情の制御は不可能です。

自律神経は一度乱れると3〜4時間は回復しないため、怒ってしまうとしばらくは、コンディションが悪いままになっています。

でも怒りは瞬間的にわき起こるものなので、それをコントロールするのはなかなかむずかしいこと。そこで「怒りそう！」と感じたら、とにかく黙って大きく深呼吸してみましょう。

これを習慣づければ、怒りを認識した瞬間に50％はしずまっています。これは自律神経が乱れ始める瞬間をキャッチし、それ以上乱れないようにするためです。

腹が立った相手に意見を伝えたい場合は、怒りがおさまってコンディションがととのってから。怒りのもとになった問題を改めて検証し、解決策を探りましょう。

私自身30代までは、怒りに支配され、どなり散らすこともしばしばでした。しかし自律神経の研究を進めるうちに、怒りが心身にとってデメリットしかないことを知り、怒らないと決めました。

そのかわり怒りの波がやってきたら、「とにかく黙る」ことを最優先にし、ゆっくりと静かに深く呼吸をして、怒りを外に出すことをイメージします。

こうした怒りのセルフマネジメントは、何度も繰り返すうちに習慣となって自然にできるようになります。

4 章

会社や職場での コミュニケーション・話し方・伝え方

職場の悩みは人間関係や仕事、そして最近では
在宅ワークも加わりました。多様なシーンを乗り切るために
じょうずなコミュニケーション術を身につけましょう。

25

職場

攻撃的な上司には、謙虚な姿勢をくずさずストレス回避

NG
そんなこと言われても困ります

NICE
どう改善したらよいか、ご教示いただけないでしょうか

- 衝突するようなやりとりは自律神経を乱すだけなので、できるだけ避ける
- 上司の意見を聞いて穏便な雰囲気に

自分の話し方はコントロールできますが、残念ながら他人の話し方はコントロールできません。つまり、自分自身がいくら話し方に気をつけて、自律神経のバランスを保とうと努力していても、他人から不愉快な言い方をされた場合、一瞬にして自律神経のバランスが乱れてしまうのです。

たとえば上司から、「きみ、やっとできたのか。遅いよ!」と叱責されたときは「自分はどうしてこんなに仕事が遅いんだろう」ととらえるのではなく、「遅いけど、できたんだ」と解釈すればいいのです。

ネガティブな内容の中に、ポジティブな要素を見つけ出し、勝手によい方向に受け止めるようにします。

その場で怒りにまかせて言いたいことを言ってしまったら、もうとり返しはつきません。たとえ理不尽な叱責でも、とりあえず「今回は申しわけありませんでした。どう改善したらよいか、ご教示いただけないでしょうか」とおだやかに相手の意見を聞きましょう。その内容をそのまま受け入れるかは、その場で判断する必要はありません。上司も、はき出すだけはき出せばとりあえず怒りも落ち着いてくるはずです。

26

職場

早口になると失言が生まれやすく、ゆっくり話すと信用を得られる

Dr.Kobayashi Communication

NG

ちょっと聞いてもらっていいですか

NICE

少しお話ししたいのですが、いまお時間いただけますか

●早口のときには交感神経が高まって攻撃的になり、ゆっくり話すと副交感神経が高まって友好的なイメージに

上司や同僚と友好的な関係を築きたければ、ゆっくり話すことが非常に効果的です。ゆっくり話すと失敗が減るのはもちろん、話に説得力が生まれ、自信がなくても自信があるように見えます。つまり、周りをコントロールすることができるのです。

自律神経には、継続性という性質があるため、最初に落ち着いて話せれば、話している間じゅう、自律神経が安定し、説得力のある伝え方をすることができます。

反対に話し始めが思いつきだったり、早口になってしまうと、交感神経が優位になるため緊張が高まり、どんどんスピードアップしてしまいます。舌打ちしたり、乱暴な言い方をしたりすれば、イライラは増幅。すると、とたんに交感神経が優位になり、より早口になってより興奮度は増します。相手を傷つけてしまう失言や暴言は、たいていは早口から生まれます。

また早口になっているときは、呼吸も浅く速くなります。交感神経の働きだけが高まり、血管が収縮して血流が悪くなるので、仕事の効率も落ちます。さらに聞いている相手の自律神経をも乱してしまい、お互いにイライラを重ねてしまうことになるのです。

相手から信用されるためにも、よく考え、ゆっくり話すことを意識してみてください。

27

職場

ミスが起きたらいっしょに考えて、相手を傷つけない心配りをする

NG
何度も言ってるよね。
ちゃんと仕事しようよ

NICE
いつもありがとう。
この仕事、どうしたらできそうかな。
フォローするから改善点を考えてみよう

●まずはほめたり感謝したりする
●ミスをして自律神経が乱れているので、叱らず落ち着かせる

部下が大きなミスをしたとき、どなりたくなる気持ちはわかります。仕事や職場によっては、緊張感を求めることが必要な場面もあるでしょう。しかし、多くの現場では緊張を強いるより背中を押して励ましたり勇気づけることが求められます。

上司の役割は「責任者」です。自信のない人に責任を負わせすぎると、確実に自律神経は乱れ、ミスの確率は上がります。自信がない部下には、「あなたの責任ではないから、思いっきりやればいい」と「責任のなさ」を伝えてあげることが効果的です。

実際に失敗してしまったら、果敢に挑戦したことをほめます。そしてふだんの仕事に感謝し、いっしょにその原因や対策を考え、責任を受けとめてあげてください。

よく「失敗してもいいから」とだけ伝える人がいますが、「失敗はあなたのせいじゃない」と伝えれば、気持ちはよりラクになります。

その場でどなったり、プレッシャーをかけたところで能力は上がりません。むしろ、リラックスして仕事に臨んでくれたほうが、安定したパフォーマンスを発揮してくれます。ただ甘やかすのではなく、いかにして不安をとり除き、部下自身の自律神経をととのえて仕事に臨ませるかが大事です。

28

職場

自分の失敗談を織りまぜながら部下をサポート

NG ×

私も同じように忙しかったけど、よりたいへんな仕事を完成させたよ

NICE ◎

あの仕事は失敗しながら、完成させたんだ。私の経験からサポートできることがあるかもしれないね

- 強い成功アピールは威圧感を生む
- 失敗談を話して、相手の立場の気持ちがわかることを伝える

仕事でトラブルが発生したとき、上の立場の人間がするべきことは「怒る」ことではありません。道筋を示して相手をよい方向へと導く「叱る」姿勢を心がけてください。失敗した人と同じ目線に立って具体的に反省点を指摘し、何が原因だったのかを冷静に検証していきましょう。

「自分ならばこうしていた」という結果論や、「私も同じように忙しかったけど、たいへんな仕事を完成させた」という自慢話は部下の心には響きません。むしろ「自分はこういう失敗をした」という共感を踏まえた助言のほうが、受け入れてくれるはずです。

自らの失敗をユーモアを交えた「笑い話」として話しましょう。悲劇は少し視点をずらせば、たやすく喜劇になります。あなたにとっては、いま最悪の出来事でも、第三者から見れば、あるいは10年後にふり返ってみれば、ただの笑い話になっているかもしれません。

そうやって安心させ、萎縮やネガティブな感情をやわらげたほうが、部下からの信頼も増します。またパフォーマンスも回復し、結果として、会社や部下、あなたにとっても幸せを招くことになります。

29

職場

部下を叱るときは時間をあけない・手短にする・1対1が三原則

NG ×

あのときの件、
どうにかならなかったの？

NICE ◎

さっきの件、ここがミスの原因かと
私は考えてるんだ。どうかな？

- 相手の人間性を傷つけないよう、大勢の前での叱責は禁物
- 改善策を探る中で、やんわり忠告

部下に失敗を検証させて改善させるためには、どうしても叱らなければいけない場面が出てきます。しかし伝え方をまちがえれば、ストレスで自律神経のバランスをくずして、心や体に不ぐあいが生じて出社もままならなくなるかもしれません。叱るときは、「時間をあけない」「時間は短く」「1対1で」という3つのことに気をつける必要があります。

時間が経過して、自分なりに反省して心の整理をつけているにもかかわらず、「あのときの件だけど」とあとから言われるのは、部下にとってはたまりません。これは、せっかく回復した自律神経のバランスを再度乱す行為です。

具体的解決策を提示せずダラダラ叱ったり、だれにでも言える批判を並べ立てることは時間のムダですし、相手の健康も害しかねない不毛な行為です。

特に絶対に人前で叱ってはいけません。相手の怒りを感じること自体がすでにストレスなのに、さらに人前で叱られた場合、緊張はさらに高まり、ストレスはよりいっそうふくれ上がります。

部下の心と体の健康を守ることは、あなたの話し方にかかっているのです。

30

職場

1を聞いて10がわかる人は少ない。お願い事の説明は特に丁寧に

NG ×

ざっと説明しておくね

←

NICE ◎

これをこうするとこうなるから、すべてその手順で進めてね

- 自分の説明が100%だと思っても、相手の理解は半分以下と意識しておく
- 説明はできるだけ丁寧にやさしく

あなたの部下は、「1を聞いて10を知る」ような逸材ばかりではありません。「説明しても理解しないのは部下の理解力が低いから」と考えるのはまちがいです。

相手にお願いをする際に踏まえておかないといけないのは、「相手はこちらの意図の50％くらいしか理解しない」ということです。

自分の思うように部下が動いてくれないのは、「部下が理解しない」のではなく、「部下に理解してもらうことに失敗」しているのです。自分の中では当然、100％理解している感覚で説明するため、どうしても説明が簡略になってしまい、相手に十分伝わらなくなってしまうのです。

「これをこうして、こうなるようにしてほしい」ということを200％の丁寧さで説明すれば、さすがに部下も十分理解して、望んだ結果を返してくれます。説明に時間はかかりますが、やり直してもらう時間を省けると思えば、結局は時間短縮につながります。またムダに怒る必要もなくなるので、自分と相手の自律神経のバランスを保つこともできます。

31

職場

仕事の「なる早で」はNG。時間がなくてもゆったり依頼する

NG

これ急ぎでお願い！

NICE

急なお願いで心苦しいんだけど、この資料○時間でできないかな。

- バタバタの仕事は失敗を招きやすい
- 相手の仕事の状況を考えながら、ストレスを軽減する言い方でお願いする仕事の場がバタバタ感であふれると、よい結果は生まれません。

「悪いけどこれ急ぎでお願い！」。そんなふうに慌ただしくバタバタ感を前面に出して指示をすると、相手にパニックが伝染し、双方の自律神経を乱してしまいます。

おそらく、こうした指示を出しているときのあなたは表情も硬くこわばり、指示も丁寧な内容とはほど遠くなっているでしょう。交感神経が優位になってしまっているため、視野が狭くなっている状態ともいえます。

指示を出した部下にはもちろん、チーム全体にもそのあせりが伝わってしまい、大勢の人の交感神経と副交感神経のバランスを乱しているといっても過言ではありません。

急ぎの案件ほど、ゆっくりと丁寧な言い方でお願いをすることを心がけましょう。

「ごめん、ほんとうに心苦しいのだけど、あと2時間ほどでこの案件を上げてもらうことは可能？　むずかしかったらサポートを考えるので、ひとまず手をつけてもらってい い？」。そんなふうに具体的に、ゆっくりとした口調で伝えること。そうすれば相手は理解してとりかかってくれます。指示をした自分も、指示をされた相手も、そして周囲の人たちも結果的に自律神経のバランスが乱れずにすみます。

32

職場

落ち込んでいるときには、励ましよりも思いやり

NG ×

がんばってね

NICE ◎

無理しなくていいよ

●十分がんばっているのに結果が伴わず、落ち込んでいるときの「がんばってね」はよけいに傷つく禁句ワード

私たちは体調、人間関係や仕事のアクシデント、あるいは失恋など、さまざまな理由により、気落ちしたり元気をなくしたりします。

そして身近にそんな人がいると、つい「がんばって！」という言葉をかけてしまいがちですが、言われた人はすでにがんばってきているはずです。ここであえて言われるのは、さらにストレスを深めてしまいます。落ち込んでいる相手に前向きになってもらいたいがための言葉も、ちょっと選び方をまちがえると、逆の効果を与えてしまうのです。

がんばっている人はその時点で自分の気持ちを鼓舞して、感情が高ぶっている状態にあります。このとき自律神経は交感神経が上がりぎみになっていますから、逆に副交感神経を高めるような言い方をすることがポイントになります。

私ならばこういった場面では、「あまり無理しなくてもいいよ」と声をかけます。

「がんばって」はどこか恩着せがましさを残し、「これ以上何をがんばればいいの……」と、相手をよけいに落ち込ませてしまうかもしれません。対して「無理をしないで」は、「心配り、思いやりがあるな」という印象を与えます。そして「十分にがんばったから少し休んでもいいのかな」という、安堵感さえもつはずです。

33

職場

悪口、人の評価は自律神経に一利なし

NG ×

うんうん、そうだね、そうだよね

←

NICE ◎

う〜ん、わかりませんね

- あいまいな相づちは、悪口を言ったことと同じ
- 悪口を口にすると自律神経が乱れる

ストレスをかかえた体は、どんどんコンディションが悪くなります。何度も書いていますが、そのストレスの9割は、人間関係からくるものなのです。

ストレスのもとになっている気に入らない人に対する評価は、悪口や愚痴というかたちで口から出てきます。悪口を言うときには、聞き役になる人が少なくても一人はいます。そして聞き役を巻き込んで、言うほどに盛り上がるという負のループを招くのです。

悪口を盛んに口にする人は、もともと多くのストレスをかかえていて、自身の人生や日常に不満を感じている場合が多いものです。そしてその感情が批判的な言葉となって口から出た段階で、自律神経を大きく乱してしまいます。気持ちが高揚して、その場ではつい言いすぎてしまい、あとからめんどうな事態を招くこともあります。そうなると言ってしまったことを後悔し、さらにストレスをかかえることになります。

私は「他人の評価を口にしない」ことを心がけています。だれかの話題が上ったときに同意を求められたら、「へえ、そうなんですか」「う〜ん、わかりませんね」「よく知らないんですよ」といった受け答えをするようにしています。人の評価を口にしないというスタンスは、私の経験では自律神経をととのえるのに最も有効な方法です。

34

取引先

取引は自律神経が乱れるとNG。相手の話を先に引き出す

NG

では、さっそく弊社のプランをご説明します

NICE

最近の御社の課題や状況などを教えていただけますでしょうか

- プレゼン前に先に相手の話を引き出す
- 相手により多く話をしてもらい、そのあとで課題をふまえた話をする

交渉は、自律神経のバランスが乱れた者同士のやりとりです。要求を通したいという強い欲望が根底にある以上、どう冷静を装っても自律神経は乱れてしまいます。

自律神経のバランスがととのっていれば、相手の出方に応じた立ち回りや、琴線にふれるような伝え方をして、一瞬で劣勢を逆転することもできます。当然、自律神経のバランスのととのっているほうが有利になりますが、交渉の開始直後は互いに自律神経が乱れているので、どちらが先に乱れた自律神経を立て直すかの勝負になります。

実はその方法はいたって簡単で、相手に先に話をさせればいいのです。相手は話をすることによって興奮し、さらに交感神経が高まって自分で自分をやや乱します。

一方で、あなたは話を聞いている間に自律神経がととのい、どのポイントで話を切り出せばよいかが見えてきます。相手に先に話をさせて、そこからゆっくりとおだやかに話や交渉を始めましょう。

有利だからと調子に乗らず、相手の話をきちんと聞くのを忘れずに。そして話の内容をふまえた発言をすることで、気持ちよく交渉をつづけることができます。

35

取引先

ごちそうになったら、速やかにお礼のあいさつを

NG

（次に会ったときに）この間はごちそうさまでした

NICE

（翌日に）久しぶりにお会いできてうれしかったです。おいしいお店に連れていっていただき、ありがとうございました

- すぐの返事は相手の満足感を高め、好印象を残す
- お礼を言うと自律神経がととのう

接待であったり、それほど堅苦しくもないお酒の席に誘われたり、お土産をいただいたりする機会はあると思います。

そういう場合には、その翌日には「久しぶりにお会いできてうれしかったです」や「とてもおいしかったです」など、ごくごく簡単でいいので、必ずお礼のメールなどを送りましょう。こうした細やかなコミュニケーションが大事なのです。

先方も感謝されたいわけでも、お礼を言われたいわけでもないとは思いますが、きちんとお礼の連絡があると、「この人はしっかりした人だな」と信用が上がりますし、形式的だったとしても「会えてうれしかった」と言われれば幸せな気分になります。なんの連絡もないと、ちょっとモヤモヤした気にさせてしまうかもしれません。

モヤモヤが残る人とつきあいつづけていると、気持ちが完結せず、ストレスがたまりやすくなってしまいます。お礼の連絡を入れるまでをパッケージにしておくと「いい時間を過ごせた」と気持ちを完結させることができます。

せっかく人とかかわるなら、会っている時間も、その後の時間も、「心地よく過ごせる人」とつきあいたいのは、仕事上のつきあいであっても同じです。

36

取引先

初対面の自己紹介は、明るくハキハキ＋お礼で好印象に

NG

はじめまして。
○○会社の○○と申します

NICE

はじめまして。○○会社の○○と申します。きょうはお時間をつくっていただきありがとうございます

- 自己紹介にお礼の言葉を添え、また会いたいという気持ちにさせる
- お礼を言うと自律神経がととのう

Dr.Kobayashi Communication

だれでも、初対面の人と会うときはとても緊張します。まして、これから仕事をする相手となるとなおさらです。先方もまた同様で、あなたの第一印象はこれからの関係に大きく影響するものになります。

あいさつは、ハキハキと元気よくがコミュニケーションの基本ですが、自律神経をととのえるうえでも重要な要素です。小声でボソボソあいさつをしても、気道が狭まっているので血流が低下し、自律神経のバランスがくずれます。それによって、さらに正しい言い方ができなくなるという、負のスパイラルに陥ります。

「はじめまして！」と、一語一語をしっかり発音し、ゆっくり、尻上がりを意識したイントネーションで言うことです。ゆっくりした話し方をすることで、呼吸が安定しますし、末尾のトーンを上げることで、ハツラツとした印象を与えることができます。

あいさつには、時間をつくってくれたことのお礼を必ず添えましょう。こちらの好意も伝わり、相手も「また会いたい」という気持ちになります。

表情は必ず笑顔で！　口角を上げるだけでも副交感神経は高まって、緊張がやわらぎます。相手の副交感神経も高められ、良好な関係を築けます。

37

在宅ワーク

リモート会議は流れを読み、相手の状況を思いやりながら進行

Dr.Kobayashi Communication

NG
×
そろったので始めます

NICE
◎
声と画面はだいじょうぶですか。何かあればおっしゃってくださいね

●在宅ワークの状況は人それぞれなので、それに合わせた心配りが大切

●リモートではよりゆっくり笑顔で話す

日本ではなかなか普及しなかったリモートワークですが、コロナ禍があった現在ではごくあたりまえに、どの会社でも行われるようになりました。

いままで数十年の常識が2～3年で一気に変化したので、いろいろと齟齬《そご》は生じます。またそれまで培ったコミュニケーション方法に新しいものが急に入ってきたのですから、いまだ戸惑っている人もたくさんいると思います。

オンライン会議一つとっても、いままでであれば会議室に入れば席次で上下関係がわかり、顔や雰囲気で無言でも考えが伝わっていました。しかし、インターネットとカメラを介してのものとなるのですから、なるべくこちらの気持ちが参加者に伝わるように配慮する必要があります。

PCの習熟度からネット回線状況、近くに家族がいるのかなど、参加者の状況は人それぞれです。会議を始めるときも、そっけなくスタートするよりも、各参加者の状況に沿った声かけをしてから始めれば、「自分の状況をわかってくれている」と安心して、円満に会議も進行させやすくなります。近くに人がいないと気を抜いてしまいがちですが、なるべくカメラを正面から見すえて、自分も笑顔を絶やさないようにしてください。

38

在宅ワーク

リモートの操作が苦手な人には、ゆっくり落ち着いたトーンでフォロー

NG

✕

（メールなどで）お待ちしてます！

NICE

◎

（メールなどで）やり方はわかりますか。
サポートが必要ならば
お手伝いします

- リモートに不慣れな人があわてないよう、全員の気持ちをゆったりと
- 顔がアップになるので笑顔は必須

急速に普及したリモートワークにより、いままでは苦手だからと避けていた年配層も、必然的に会議や打ち合わせにPCを使わざるをえなくなっています。慣れないチャットツールの操作に悪戦苦闘しても、オフィスであれば近くの部下に聞くことができます。しかし、一人で対処しなければいけないとなると、パニックを招くことになりかねません。

さらに会議の参加者も、なかなか始まらずにミスの繰り返しをムダに見せられつづけ、不安感とイライラが伝染していきます。

こういう場合、フォローしようにも、相手が専門用語を知らなかったり、教える側も指示に慣れていなかったりで、双方がイライラしてしまいがちです。

まずはゆっくりと話して状況を聞けるだけ聞き、こちらがせかしていないことを感じさせます。メールなどふだん使い慣れている手段で、あまり技術的・専門的な用語は使わずに、時間をおきながら冷静にサポートすると有効です。交感神経による攻撃性も下がるので、指示も素直に受け入れてくれるようになります。

無事、参加に成功したら参加者みなさんの笑顔で迎えてあげてください。

39

在宅ワーク

リアルに対面すると、幸福感が上がってくる

NG

一度お会いしましょう

NICE

ご迷惑でなければ、直接会ってお話しできませんか

- コロナウイルスに対する意識は個人差があるので、確認のひと言を添える
- 直接会って話すだけで幸福感がアップ

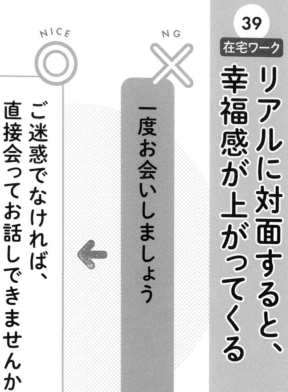

コロナ禍もようやく新たなステージに進み、半ば強制的になっていたリモートワークではなく、オフィスや打ち合わせで人に会えるようになりました。

リモートワークは通勤時間がいらなくなったり、遠隔地であっても気軽に打ち合わせができるといったメリットはありますが、やはり人間は集団生活を営みながら進化してきた生き物です。近くで顔を合わせていたほうが意思の疎通はしやすいですし、気のおける相手と落ち着いて話をするだけでも自律神経がととのい、不安が減って幸福感が上がるものです。また、家にこもっているよりは、太陽の光を浴びて30分でも歩いたほうが自律神経の安定によいというのはいうまでもありません。

そうはいっても、コロナウイルスは完全に収束したわけではありませんし、エチケット面の意識もさまざまな考えをもった人がいます。

コロナ前であれば「一度お会いしましょう！」のひと言でもよかったのですが、いまは相手に心を配って「ご迷惑でなければ一度お会いしませんか？」と、相手の意思をしっかりと確認することがたいせつです。配慮を示して相手に不安感をなるべく与えず、お互いの自律神経を安定させる関係がビジネスを円滑にします。

40

メール

ビジネスメールは簡潔にし、読みやすさと情報を明確に

NG

なるべく早くお返事させていただきます

NICE

○月○日までにお返事いたします

- ビジネスメールは、相手のことを考えて伝わりやすく
- 丁寧すぎる言葉が不快感を招くことも

ある調査によると、「過去1年間でビジネスメールを受けとって、不快に感じたことはありますか?」という質問に対して、約半数の人が不快に感じたことがあると回答したそうです。不快に感じる内容としては、「文章が失礼」「文章があいまい」「文章が冷たい」などが、上位を占めていました。

メールには「突然届く」「かたちに残る」「相手の真意を推しはかりにくい」という特性があるため、気をつけないと会話以上に自律神経を乱してしまいます。字面でしか伝えたいことを表現できないので、会話以上に伝える工夫をしないと、相手に誤解を与える可能性も出てきます。

せっかくうまくいくはずの商談が、メールの文面ひとつでギクシャクするのは、お互いに望まないことにちがいありません。

メールを読んでもらうことは、相手の時間を奪うことです。ムダな言い回しは省いて、簡潔・丁寧を心がけ、なるべく端的に内容を記すようにしましょう。

かたちに残るものですし、ラリーになるのは避けたいので、ダラダラとした前置きはせず、一回で日時などの情報がわかりやすいシンプルな文面がよいでしょう。

5 章

家庭や生活の場でのコミュニケーション・話し方・伝え方

感情を出しやすい身近な人や場所では、
ちょっとしたふるまいで相手を傷つけていることも。
やさしいコミュニケーションがたいせつになります。

41

日常生活

毎日の生活の中で、「ありがとう」を伝える習慣をもつ

NG ✕

ごちそうさま

NICE ◎

おいしかったよ。
きょうもありがとう

- 感謝の気持ちを口にすると、
自律神経のバランスがととのう
- ありがとうと言うとき、呼吸は深くなる

家事を担ってくれる家族に「ありがとう」と感謝の言葉を伝えていますか？「ご飯を作ってくれる」「洗濯してくれる」などは、「ありがとう」と言って当然のことです。

こんなことを書いている私が、深く反省したことをお話しします。わが家は妻も医師の共働き夫婦で、結婚当初の私はまだ自律神経の研究前でした。そのころ妻は帰宅後に料理を作り、あと片づけまでこなすという毎日。私はといえば、作ってくれた料理をさっさと食べ、感想やお礼も言わずに食後はテレビを見てゴロゴロ。

妻も私と同じように仕事をして疲れているわけですから、機嫌が悪くなるのは当然。「少しは手伝って」と言われても、「もうすぐやるよ〜」と答えるだけで逃げていました。

その後、自律神経の研究をしていくうちに、当時は、彼女にずいぶんと心ないことをしてきたことに気づきました。なんで感謝の言葉のひとつもかけなかったのかと、後悔しました。こんな光景は、わが家に限ったことではないと思います。

「ありがとう」と言うとき呼吸はゆっくり深くなるので、副交感神経が高まります。言われるほうも、おだやかな気分になるのです。それを知ったいまでは、妻が何かをしてくれたら、自然と感謝し、「ありがとう」と言葉でも伝えるようになりました。

42

日常生活

きょうの出来事をゆったり話し、あしたに向け気持ちをリセットする

NG

何？ さっさと話して！

NICE

きょうはどんなことがあったの？

●一日の出来事を話して気持ちをすっきりさせると、自律神経もととのう
●ゆったりと話して休息モードに

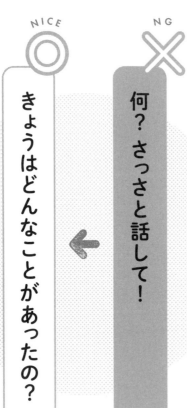

私は子どものころから隠し事ができない性格で、帰宅後の夫婦時間に妻にはその日あったことや気づいたことなどを洗いざらい話します。妻も私と同じくらい、なんでも話してくれますし、お互い医者という共通の職業ということもありますが、とても会話の多い夫婦だと思います。

仕事内容にもよりますが、昼間は外にいて夕方以降に帰宅するという生活パターンの人が多いと思います。この帰宅後の家時間が自律神経にはとても重要で、交感神経優位の状態から、副交感神経優位の状態になり、休息モードのスイッチが入るのです。

「きょうはどんなことがあったの?」と問いかけることで、お互いが聞き役になってゆったりとした時間の中で会話を交わせば、多少いやなことがあっても、あしたに向けて気持ちをリセットできます。

このとき、早口やきつい口調、大声などは避けましょう。

もちろん家庭での人間関係がギスギスしていれば、おだやかな会話は望めません。会話も交感神経が刺激されたままなので、自律神経は乱れてしまいます。相手を思いやり、幸せになるコミュニケーションを意識してください。

43

日常生活

自分に非があるときは、いさぎよく心を込めて謝る

NG ✕

ごめん。やろうと思ったんだけどバタバタとしていて……

NICE ◎

（いさぎよく）ごめんなさい

- 言い訳は信頼感を失うだけ
- スパッと謝って許してもらえれば、その後のパフォーマンスはアップする明らかに自分に非がある失敗をしてしまったときは、よけいな言い訳は禁物です。いさぎよく、心から謝罪しましょう。

自分の非の根底には、準備不足や怠慢が見え隠れします。たとえば考えの甘さや確認の不十分さ、寝坊による遅刻などです。

「やろうと思っていたんだけど、別件でバタバタしていて……」など、あれこれと言い訳を並べるのは、信頼感をなくすだけです。

ここで挽回しなくては、あるいは責任回避しようと、あれこれとウソを並べると、その罪悪感でストレスが増大し、自律神経のバランスが乱れてしまいます。その後に影響することにもなりかねません。

とにかく自分の失敗をすべて認めて、ただひと言「ごめんなさい」と深く深く、頭を下げましょう。反省と謝罪の姿勢に合点がいけば、そこがこの問題のゴールになります。

ほとんどの人は「次は気をつけて」と、それ以上は責めることはしないでしょう。

44

日常生活

見ず知らずの人にイラッとしても、その場では怒らない

NG

（本人に）そういう態度は失礼だよ

NICE

（親しい人に）さっきこんな失礼なことがあったんだよ。どう思う？

- 腹を立てている理由を自分なりに検証
- 怒る価値があるかを、身近な人に冷静にジャッジしてもらう日常生活で不意に失礼な場面に出くわして、怒ることはあります。タクシーに乗っていてドライバーが行き先をまちがえた、コンビニの店員の態度が失礼だったなど、毎日の生活でもけっこうあるものです。

第3章で「できるだけ怒らない」「怒りを感じたら黙る」など、怒りをコントロールするのを身につけることをおすすめしました。黙っているときには、「なんで自分が怒っているのか」を考えてみましょう。

相手のどんな行為に腹を立てているのか、何が気に入らなくてそんなにイライラしているのかを検証していくと、「プライドを守りたいだけだったかも」とか「若い人を相手に大人げないな」などと思えてくるものです。そうなってしまえば、もはや怒りの感情の大半はおさまっています。

そして私のよくやるのが、「ここで怒っていいか」を身近な人にジャッジしてもらう方法。「こんなことに怒ってもいいのかな?」と相談するのですが、この時点で怒りの半分以上はおさまっています。相談相手は「ほうっておいたほうがよい」「怒る価値もない」と冷静に判断してくれるので、さらに怒りは鎮静化し、滑稽にさえ思えてきます。

45

日常生活

電子マネーの使い方などで迷ったら、謙虚に教えてもらう

NG ✕

私は年だからしかたないよ

NICE ◎

ぜひ覚えたいから教えてください

- いくつになっても成長は可能
- 他人の評価よりも自分の好奇心を優先すると、心身の健康維持につながる

最近では電子マネーで決済できるお店がふえ、スーパーやコンビニでもセルフレジが一般的になってきました。電子マネーなどに限らず、「SNSやデジタルの世界がよくわからない」など、中高年の新しいテクノロジー難民はけっこういます。

ここで「もう年だからまかせるよ」と、新しいことを学ぶのを完全に拒絶して、頭の進化を止めてしまうことは、若い年代に対しての甘えといえるでしょう。年齢を理由に自分の行動を制限してしまうのは、もったいない話です。

高齢者でもスマホを便利に使いこなし、YouTubeやインスタといったSNSを積極的に発信している人はたくさんいます。

もし新しいテクノロジーやプラットフォームにふれて興味があるのならば、自分より年下の相手であっても教えを請いましょう。どんなに年が離れていても謙虚に「教えてもらえませんか」と言えば、親切に教えてくれるはずです。

勇気をもって新しいテクノロジーを学ぶことは、ワクワク感が自律神経の働きを高め、脳の活性化にもつながります。

46

家族

年老いた親・きょうだいには、見た目や注意の言葉は避ける

NG

✕ 気をつけなきゃダメだよ

NICE

◎ 顔が見られて安心したよ

- 体調をくずしている人の見た目や状態にふれることは避ける
- 注意ではなく安心できる言葉を選ぶ

人生100年時代といわれて久しいですが、頭も体も健康なまま年を重ねるのは、なかなかむずかしいものです。そして高齢の親きょうだいのめんどうを見ている介護者もふえています。

心身の不調をかかえていたり療養中だったりと、健康状態に問題のある人への声かけは身内といえども、なかなか気を使います。

まず体調をくずしている人に対して、見た目にふれることは避けましょう。「顔色が悪いよ」「やつれたんじゃない?」などと言われると、一気に気落ちして自律神経も大きく乱れてしまいます。健康でないことは心にも大きな負荷になっているので、悪気はなくても相手を傷つけてしまうことになります。

また「一日も早く」という言葉は、回復したいのに思うようにいかない人にとっては、よけいなあせりをいだかせてしまいます。

かける言葉は「ゆっくり休んでね」など、心身が弱っている人が、安心できるような言葉を選びましょう。

47

家族

相手をほめる言葉を選んで、いつまでも円満な関係を築く

NG ✕

最近ちょっとふけたんじゃない？

↓

NICE ◎

落ち着いた上品さが出てきたね

- 感謝と謝罪の言葉で夫婦仲は深まる
- パートナーこそ自律神経を安定させる最大のキーパーソン

ストレスの最大要因は人間関係の問題とお伝えしましたが、夫婦間のコミュニケーションでも自律神経を乱す場合があります。

でも夫婦が親子やきょうだいのように「ほんとうの家族」となれているならば、自律神経は安定する効果を得て、コンディションは上々です。パートナーの顔を見てほっとするという人は、夫婦関係がコンディション維持に役立っています。

一方で言い争いが絶えない夫婦もいます。いっしょにいるだけで息が詰まるようであれば、お互いが自律神経を乱していることになります。

またうらやましいくらいラブラブの夫婦も、実は要注意です。いっしょにいると「いつもドキドキする」というのであれば、胸がときめきすぎて、家にいても交感神経が高い興奮状態になっています。とても「休息モード」とはいきません。

私がおすすめするパートナーは、長くいっしょにいても自律神経が乱れない相手です。そして自分自身の「自律神経を乱さない相手」こそが、相性のいいパートナーといえるでしょう。

48

友人など

ジェネレーションギャップは、お互いに解決を期待しない

NG

その価値観が理解できないな

NICE

なるほど、そういう考え方もあるんだね

- 一方的につくり上げた理想や期待に執着しない
- 過去の自分とくらべない

年代間のギャップはどの時代にも存在し、解決できない問題です。若い年代によかれと思ってのアドバイスが、「考え方が古すぎ」「体育会系のノリについていけない」「パワハラ的な発言をされた」と、最悪な場合は迷惑な人扱いをされてしまいます。

目上の人も同様で、「なんて失礼なんだ」「こんなことも知らないなんて」と、こちらの言葉や行動が理解されないことがあります。

そこで年代のギャップは「住む世界が違う」と考えて、必要以上につきあわないほうが賢明といえそうです。コミュニケーションが苦痛に感じるような相手は、ストレスを増大させるだけです。

とはいえ家族や仕事のつきあいは、切ることができません。その場合は「期待しない」というスタンスで接し、心理的な距離をキープします。ここでベースになるのは「私＝あなた」ではないということ。自分と同じでないと思えば、違う考えであっても期待していないから、と割り切れます。期待していない分、「これは認めよう」という多様性を受け入れる考え方にもなれます。さらに相手が手助けをしてくれたら、素直に「ありがたい」という気持ちになれます。

49

友人など

関係回復が期待できない相手は、あいさつだけでやりすごす

NG

無言

NICE

（できるだけにこやかに）こんにちは〜

- 人間関係の悩みはストレスの大敵。
  残念な人と位置づけて冷静さをとり戻す
- 元気なあいさつで自律神経をととのえる

身内やご近所、あるいは子どもの学校関係など、いろいろなコミュニティやネットワークが構築されています。そこには大勢の人が集まるわけですから、がまんや考え方の違いが生まれ、関係性が悪くなることだってあります。

関係性の悪化は、大きなストレスになってしまいます。私の経験では、「がまんしてまでつなぎ止める人」「ストレスを感じてまで、属するネットワーク」は、自分のためにはなりません。それらはあなたのコンディションをくずし、本来のパフォーマンスを発揮できなくなる原因になります。

もしどうしても切れない関係なのであれば、日光東照宮にある三猿をヒントにしましょう。「よけいなものは見ざる・聞かざる・言わざる」というスタンスで、意識の中で線引きするのです。これを意識するだけで、自律神経のバランスはととのい、ストレスの半分以上が軽減されます。

ストレスで乱れた自律神経は、あえて相手ににこやかにあいさつをすると、副交感神経が高まってととのいます。「こんにちは」「お先に失礼します」など、一般的なあいさつをするだけですが、少しの満足感とともにいやな気持ちから解放されます。

50

友人など

悩み事のアドバイスは、感情的にならない人にもらう

NG ×

それはひどいね。わかるよ

↓

NICE ◎

そうか、そこが気になるんだね

- 悩みはできるだけ軽く明るく相談する
- 相談相手が聞いてくれるだけでもストレスが軽減される

私も患者さんのことで悩んだり落ち込んだり、組織や人間関係のめんどうくさい問題から、ストレスをかかえることも多々あります。ひとりで悩んでいてもラチがあかないときは「人に話して相談する」という方法が、ストレス解消の得策になります。

私の場合は周囲のスタッフに相談しますが、たとえ深刻な問題であっても明るく話すことがたいせつ。どんなに深刻になっても事態が好転するわけではないので、あくまでも気持ちをリセットすることが目的と考えて、フラットかつフランクに話します。

逆に相談を受ける場合もあります。そのときは安定した気持ちで話を聞き、物事を大きく解釈しないよう、沈着冷静な判断をすることを心がけます。

相談すると親身になって共感してくれる人もいて、そういう人は悩みを受け止めてくれていると思わせがちです。でも、ときには「それはたいへん」「ほんとうにつらいですね」と、世界の重大事のように考えてしまい、問題を肥大化させてしまいます。

ですから相談するのに最適なタイプは、落ち着いて淡々と耳を傾けてくれる人がベスト。そういう人に話を聞いてもらうだけでも、感情的になっていた精神状態が安定し、自分のかかえている問題や状況を客観視できるようになります。

51

友人など

恋愛は期待しすぎずにつきあうと、お互い負担にならない

NG ×

好きだから
ずっといっしょにいてね

←

NICE ◎

いま、すご〜く幸せだよ

- 恋愛ほど自律神経を乱すものはない
- パートナーになる人は自律神経を乱さない人を選ぶと、幸福感が長つづきする

相手にいろいろな理想や期待をいだいてしまう恋愛は、コンディションをくずし、自律神経を乱しがちです。勝手に相手への期待値を高めて、それが乱高下すると自律神経も比例して乱れてしまいます。

もちろん恋愛は人生のたいせつな要素の一つですが、同時に嫉妬や独占欲、それらを含めた不安な気持ちも大きくなるものです。

恋愛中の不安感は、自律神経を乱す最大の要因といえます。人間は「はっきりしない」「不確定」「自分がコントロールできない」といった状態になると、不安を感じるようにできています。

特に相手との関係がうまくいってない場合は、それだけでストレスとなります。仮に関係に問題がなくても、「ＬＩＮＥの返信がちょっと遅れた」だけでも、やきもきする人もいます。この時点で不安を感じ、実は自分では意識することなく自律神経は乱れているのです。

そこで現状の幸福感を楽しみ、「恋愛はとにかく相手に期待しすぎない」と考えておくと、不安感もやや軽減されるでしょう。

52

友人など

マウンティング傾向の人には承認欲求を満たす言葉かけを

NG ×

そうなんですね

NICE ◎

さすがですね。どうしたらそんなふうにできるのですか

- マウントをとってきたら、メンタルが不安定な人なんだと受け流す
- マウンティングは自律神経を乱す

なにかとマウントをとりたがる人がいますが、この「マウンティング」という行動は、自律神経を乱す大きな要因となります。

マウンティングとは、他人をおとしめることで自分がすぐれていると思い込むことで、自慢や批判、あざけり、侮蔑などをとおして、その確認作業をします。おせっかいをやいたり、アドバイスをしたがるのも、マウンティングの一種です。

マウンティングをする人は自信過剰に見えますが、実は「認められたいのに、認めてもらえない」という承認欲求をこじらせている人です、その不安定さから、攻撃的になってしまうのです。依存性があり、悪口や愚痴と同じように、言えば言うほど、過剰に言いたくなってきます。

マウンティングは抑圧されたコミュニティでよく見られる行動で、狭いコミュニティの中で少しでも優位に立って安心したい、優越感で不安を打ち消したいという思いがそこにはあります。マウントをとられたら、「不安でしかたないんだな」と思いましょう。そして「すごいですね」「さすがですね」と言って相手の承認欲求を満たせば、攻撃は落ち着く傾向となるでしょう。

53
SNSなど

メールやLINEは時間を奪うツール、緊急事態以外は返事の催促は禁物

Dr.Kobayashi Communication

NG
○月○日にメール送ったけど届いている？

NICE
時間があるときにメール見てね

- メールは文面しだいで、自律神経が大きく乱れることもある
- 不快なメールは早めに削除

プライベートなメールやＬＩＮＥは、連絡や誘いから日記的な報告まで、いろいろなやりとりがされます。すぐに送れるので、手軽にコミュニケーションがとれます。でも感謝でも謝罪でも削除しないかぎり残ってしまいますから、相手が読んでどんな気持ちになるかを考えて、送信する必要があります。

会話は感情を感じながらも、生まれた瞬間に消えていきます。しかしメールは感情がわからない分、真意を伝える工夫をしないと、相手の誤解を招く可能性があります。それほど「メールでの表現」はたいせつなのです。内容しだいでは、自律神経を乱す要素をたくさん含んでいます。

また文字を読んでもらうというのは、相手の時間を奪うことです。プライベートメールであっても、なるべくシンプルな内容にし、負担を減らす心配りをしましょう。

しかしあまりにも端的な内容だと、「怒っているのかな?」と相手に思われてしまうのがやっかいなところです。そこで便利なのが絵文字や顔文字です。特にプライベートなメールであれば、大いに活用してコミュニケーションをとりましょう。また語尾を少し、フレンドリーに変えるのも効果的です。

54

SNSなど

SNSは「いいね！」を強要せず、純粋に投稿を楽しむ

NG ✕

見たら「いいね！」を押してね

NICE ◎

もし興味があったら見てね

- SNSは自分のためであることを忘れない
- SNSは自律神経を乱すと心得ておく

電車に乗るとかつては新聞や本を読んでいる人が多かったものですが、最近ではスマホを見ている人ばかりになりました。スマホが気になってしまうのは、あなたがSNS投稿者ならば「いいね！」が気になり、フォロワーならば投稿内容とともに他人のコメントまでチェックしているからではないでしょうか。

自分の投稿に「いいね！」の反応があれば、承認欲求が満たされて満足感がアップします。そして「すごいね」「すてき」とコメントが寄せられると、「自分ってすごいんだ」と、ほめられたような気持ちになります。そして次には「もっと認められたい」と新たな投稿へとつながり、承認欲求はどんどんエスカレートしていきます。

「いいね！」を過剰に気にして、そのループから抜け出せなくなると、「自分の人生を生きられなくなる」というリスクが待っています。投稿の動機が「自分がこれをしたい」ではなく、「だれかに認められたい」にすりかわって、自分がほんとうは何をしたいのかわからなくなってしまうのです。これはけっして、大げさな話ではありません。

他人の「いいね！」評価ではなく、純粋に投稿を楽しみましょう。そして自分ががんばっていると思うならば、自分自身に「いいね！」と言ってあげましょう。

おわりに

「お医者さんに診てもらえれば、病院に行けば病気は治る」、そんなふうに思っている人は多いと思います。しかしここ数年のコロナ禍で、「医学の進歩とはなんなのか」ということを、医療現場だけでなく、多くの人が考えたのではないでしょうか。

人の命に限りあることをいままで以上に感じ、だからこそ人恋しいのに会うことができないもどかしさを知りました。またいくらリモートで会話ができても、やはり直接会ってふれ合うことができないつらさも初めて味わったといってもいいでしょう。不幸とまではいいませんが、負のループに支配されたようなここ数年でした。

そこで私は、コミュニケーションをとることの重要性をつくづく実感したいまこそ、言葉を選んでお互いに幸せになる会話をすることがたいせつであることを知ってもらいたいと考えました。
　そしてこの本を通して「幸せになるためには、どんな話し方や伝え方をするべきか」、「どんな返事をするべきか」などを、具体的にご説明してきました。ご自身のいま、おかれているシチュエーションに近いものを探して、参考にしていただけたらと思います。

「幸せになる」「幸せにする」ことを前提に会話が繰り広げられれば、交感神経と副交感神経のバランスがととのい、自律神経的にも「幸せな」状態をキープできます。これこそが本書で私が目指したことなのです。

　幸せな言葉は「相手を気持ちよくさせたい」という思いやりと、「相手をリスペクトする」気持ちがあれば、自然にできることです。そんなにむずかしいことではありません。いつもの言葉に「ありがとう」。ちょっと失礼してしまったと感じたら「ごめんね」。このひと言を添えるだけでも十分であると、本書では繰り返しお伝えしてきました。

ぜひ、迷うことなく「幸せになる」ことを前提に、話して伝えてみてください。

日本人の平均寿命が延びると同時に、健康寿命という言葉を耳にするようになったと思います。体の健康と同時に心の健康もたいせつで、それには自律神経の乱れを少なくする必要があります。

でも、自律神経のレベルは、加齢によっても低下してしまいます。だからこそ年をとって体の調子が悪くなったときこそ、言葉のコミュニケーションがいっそう大事になってきます。

幸せな会話を重ねて、より幸せな人生が長くつづきますよう願っております。

小林弘幸

装丁・デザイン／河南祐介　大西悠太（FANTAGRAPH）
イラスト／くにともゆかり
編集協力／櫻井 豪（studio orange）
構成・編集／荒川典子（@AT-MARK）
編集担当／一久保法士（主婦の友社）

自律神経《じりつしんけい》の名医《めいい》が考案《こうあん》した ぜったい幸《しあわ》せになる話《はな》し方《かた》・伝《つた》え方《かた》

2023年4月30日　第1刷発行

著　者　小林弘幸《こばやしひろゆき》

発行者　平野健一
発行所　株式会社主婦の友社
〒141-0021 東京都品川区上大崎3-1-1
目黒セントラルスクエア
電話03-5280-7537（編集）
03-5280-7551（販売）
印刷所　大日本印刷株式会社

ISBN978-4-07-454149-2